ESCHBACHER MINIS

Immer wieder leuchtet uns
auf unserem Weg
der Stern der Hoffnung auf,
der uns mit seinem warmen Licht
für Augenblicke Atempausen gönnt
im ruhelosen Strom des Lebens,
der uns zur stillen Einkehr einlädt
bei uns selbst,
der unser Herz bisweilen auch
mit Freundschaft
und mit Frohsinn segnet
und unseren Seelen
wahren Frieden schenkt.

Christa Spilling-Nöker

Lass deine Sehnsucht träumen

von der Weihnachtshoffnung

Eschbach

Leuchtspur in der Nacht

LASS DEINE SEHNSUCHT TRÄUMEN

In dieser Nacht
stehen die Sterne
hoch am Himmelszelt:
Sie wollen uns verkünden,
dass der Welt
eine neue Hoffnung
geboren worden ist,
die unsere Trauer,
unsere Klagen und Schmerzen
zu überwinden vermag.
Sie verheißen uns,
dass wir nach allen Tränen,
die wir geweint haben,
von der Gnade erfasst werden,
Zukunft wieder frohen Herzens
zu träumen und
zu leben.

Hast du dich schon einmal
in eine brennende Kerze
hineinversenkt,
in das Flackern und Leuchten
des Lichtes?
Hast du schon einmal
die Wärme gespürt,
die ein Kerzenlicht ausstrahlt,
so dass es dir wohl wird
und du dich geborgen fühlst
und daheim?

Hast du schon einmal daran gedacht,
dass eine Kerze dir all das
– Licht, Wärme und Geborgenheit –
nur schenken kann,
indem sie sich selbst verzehrt?

Vielleicht macht dir das Mut,
wenn du selbst deine Kräfte
erschöpft hast
und dich nach dem Sinn
all der Mühsal fragst:
dass du anderen
zum Licht geworden bist,
Zeichen gesetzt
und neue Wege erleuchtet hast.

Deshalb wünsche ich dir,
dass du Licht bist,
dass du Licht bleibst
und Licht erfährst
in deinen eigenen Dunkelheiten.

LASS DEINE SEHNSUCHT TRÄUMEN

Wenn du traurig bist
und dein Herz
zu einer Herberge der Angst
geworden ist,
dann möge das
„Fürchte dich nicht!" der Engel
wenigstens eine Spur von Licht
in deine Dunkelheit bringen.
Wer wagt denn schon
mit Sicherheit zu behaupten,
dass es heute keine
Wunder mehr gibt?

Fürchte dich nicht
vor dem kommenden Tag,
dem du dich nicht gewachsen fühlst,
und vor den Aufgaben,
die dich zu verschlingen drohen.

Fürchte dich nicht
vor den Menschen,
die anders sind als du
und die sich ein Bild
von dir gemacht haben,
das deiner Wirklichkeit nicht entspricht.

Fürchte dich nicht
vor dir selbst
und vor all dem Dunklen
und Ungewissen in dir,
das dir manchmal so bedrohlich ist.

Fürchte dich nicht,
sondern vertraue auf die Liebe.
Die Liebe ist stärker als alle Ängste
und mächtiger als alle Tode
dieser Welt.
Wenn du einem Menschen,
vor dem du Angst hast,
in Liebe begegnest,
wirst du auch an ihm etwas finden,
das dir liebenswürdig erscheint,
so wie die Liebe
zu den Abgründen deiner eigenen Seele
dich zu deiner Tiefe und damit auch zur Mitte
deines Wesens und deines Lebens
führen kann.
Darum:
Fürchte dich nicht.

Der vergessliche Engel

Im Himmel herrschte große Aufregung: In wenigen Tagen sollte Gottes eigener Sohn zur Welt kommen, als kleines Kind in Bethlehem. Eifrig putzten die Engel ihre Flügel und Heiligenscheine und übten ihr vielstimmiges Gloria wieder und wieder, denn am großen Festtag sollte alles so schön wie möglich sein.

Endlich war es soweit. Aufgeregt flatterten alle durcheinander, stimmten ihre Flöten, Harfen und Posaunen und wollten gerade gemeinsam in vollem Glanz aufbrechen, als ein kleiner Engel, aufgeregt flatternd, rief: „Wartet noch einen Augenblick, wartet, ich kann mein Liedblatt nicht finden!"

„Komm jetzt, du kannst mit in meines schauen, es wird Zeit, wir müssen los", ermunterte ihn ein älterer, gütiger Engel.

„Aber ich habe mir in meinem Notenblatt doch meinen Einsatz rot angestrichen, weil ich den sonst immer vergesse", meinte der kleine Engel verlegen und wurde jetzt selbst rot.

„Dann beeile dich, ich versuche, die anderen noch einen Augenblick aufzuhalten", erwiderte der gütige Engel.

Flugs war der Kleine zwischen den Wolken verschwunden und kam in der Tat schon nach kurzer Zeit mit seinem, allerdings schon sehr zerfledderten Liedzettel an. „Danke", flüsterte er dem gütigen Engel zu und schon schwangen sie sich alle gemeinsam auf Richtung Erde.

Doch die Einmütigkeit währte nicht lange. „Halt, halt, ich habe meine Harfe vergessen", rief der Kleine verzweifelt.

„Wie konnte dir denn so etwas passieren?" Jetzt war auch der gütige Engel einigermaßen ungehalten, was gemeinhin relativ selten vorkam: „Du bringst hier noch alles durcheinander! Wir können jetzt nicht noch einmal umkehren."

„Als ich meinen Liedzettel suchte, habe ich meine Harfe auf eine Wolke gelegt, damit ich schneller suchen konnte. Und dann habe ich mich so beeilt, dass ich sie liegengelassen habe. Aber ich brauche mein Instrument, schließlich spiele ich in dem Himmelsorchester die erste Harfe!"

„Dann musst du schnell alleine zurückfliegen, wir fangen ja mit dem ›Ehre sei Gott in der Höhe‹ an, das ist a capella, bis wir bei den instrumentalen Stücken sind, wirst du es dann wohl geschafft haben, wieder bei uns zu sein."

Der vergessliche Engel hatte schon eine scharfe Kurve genommen und war auf dem Rückflug gen Himmel. Der gütige Engel rief ihm noch hinterher: „Wo du uns findest, weißt du ja, in Bethlehem!", aber das hörte der Kleine schon nicht mehr.

Es kam, wie es kommen musste. Der vergessliche Engel fand zwar tatsächlich seine Harfe, gerade da, wo er sie ganz in Gedanken abgelegt hatte, aber als er wieder losstarten wollte, fiel ihm beim besten Willen nicht mehr der Ort ein, wo das einmalige Ereignis stattfinden sollte. „Das gibt es doch nicht", flüsterte er erschrocken, irgendwo in Israel war es, oder in Irland? Das Land fing jedenfalls mit „I" an. Aber da käme auch Indonesien in Frage. Und die Stadt? Wie hieß die Stadt? Bethanien vielleicht oder Bagdad oder Berlin? Er konnte sich immer nur an die Anfangsbuchstaben erinnern. Auch das Datum hatte er vergessen, er wusste nur, dass er sich unheimlich beeilen sollte, um das einmalige

Ereignis nicht zu verpassen, und dass er es verpassen würde, weil er nicht mehr den blassesten Schimmer hatte, wo es stattfinden sollte. Hätte ich es mir doch bloß aufgeschrieben, ärgerte er sich. Obwohl das bei ihm auch nicht viel nützte, weil es schon oft vorgekommen war, dass er sich alle möglichen Termine und Daten zwar notiert, später aber seine Notizen nicht mehr wieder gefunden hatte.

Ich werde es immerhin versuchen, dachte er bei sich und sauste ab in die Tiefe. Ein Land mit „I" am Anfang und eine Stadt mit „B", dachte er und landete etwas unsanft in Benares in Indien. Ein Kind in einer armseligen Unterkunft, das werde ich doch wohl auch so noch finden, machte er sich selbst Mut. Und in der Tat: Es dauerte auch nicht lange, als er in den Slums der Stadt ein Neugeborenes weinen hörte. Na also, dachte er, war flugs bei Mutter und Kind, fächelte beiden mit seinen Flügeln ein wenig Wind zu und spielte ihnen auf der Harfe eine so wundervolle Musik zu, die seine Höchstleistungen im Himmelsorchester bei weitem übertraf. Auch das „Ehre sei Gott in der Höhe" kam so rein und klar aus seiner Kehle, dass er erst bei der Zeile „den Menschen seines Wohlgefallens" merkte, dass er hier ganz alleine sang. Wo sind denn die anderen, dachte er erschrocken, als ihm allmählich dämmerte, dass er anscheinend nicht am richtigen Ort war. Aber die vor Schmerzen wimmernde Frau war so ruhig geworden, als er gesungen hatte, und das schreiende Baby war in tiefen Schlaf gesunken. Ganz falsch konnte sein Auftritt hier also doch auch nicht gewesen sein. Im Stillen hoffte er, dass die anderen alle an falscher Stelle jubelten und musizierten, ahnte aber, dass ihn diese Hoffnung trog.

Müde, verwirrt, gleichzeitig beschämt über seine Vergesslichkeit, traurig darüber, das große Ereignis verpasst zu haben und doch ein wenig glücklich im Herzen, einer armen Mutter und ihrem neugeborenen Kind in einer der ärmsten Ecken der Welt ein wenig Ruhe und Frieden geschenkt zu haben, machte er sich langsam wieder in Richtung Himmel auf. „Wo warst du?", „Was fällt dir ein, die heilige Nacht Gottes zu schwänzen?", „Uns hat die erste Harfe gefehlt!", „Du verdienst nicht länger ein Engel genannt zu werden", so riefen und schrieen alle durcheinander, als er in den himmlischen Gefilden eintraf.

Diese Worte trafen ihn hart. Durfte ein Engel denn nicht einmal einen Fehler machen? Tief erschrocken und in seiner zarten Seele verletzt, ließ er sich fallen. Langsam sank er zur Erde zurück. Je mehr er sich der menschlichen Welt näherte, um so heftiger spürte er in seinem liebevollen Herzen den göttlichen Auftrag, mittels seiner Intuition und seinem Feingefühl die Menschen ausfindig zu machen und ihnen beizustehen, die seine Hilfe gerade am meisten benötigten.

Seit dieser Stunde verweilt der vergessliche Engel auf der Erde. Er ist immer gerade dort zur rechten Zeit und am richtigen Ort, wo die Not am größten ist. Er schenkt Ruhe und Frieden und helle Träume, in denen die Einsamen, Traurigen und Elenden in der Welt spüren, dass es doch noch eine Hoffnung gibt für den kommenden Tag. Seitdem er unter den Menschen seine Spuren hinterlässt, ahnen manche unter ihnen, dass es mit der allgemeinen Rede vom Schutzengel wohl doch etwas auf sich haben muss. Vielleicht hast du ihn ja auch schon einmal gespürt?

Friede sei mit dir

LASS DEINE SEHNSUCHT TRÄUMEN

Ich wünsche dir,
dass sich der Himmel über dir öffnet
und Heerscharen von Engeln
die Botschaft vom Frieden
mitten in dein Herz singen.

Mögest du dich aufmachen,
um Unklarheiten und Missverständnisse,
die dich von anderen Menschen trennen,
aus dem Weg zu räumen.
Jeder noch so kleine Schritt
zu versöhntem Leben
ist ein Baustein für den Frieden
in der Welt.

Mach die Tore
deiner Seele weit
und öffne die Tür
zu deinem Herzen,
dass die heilenden Kräfte
dich durchströmen
und sich in dir
ausbreiten können.
Breite in dir
die Zweige der Hoffnung aus,
dass der Friede
in dich einziehen kann
und deine umherirrende Seele
zur Ruhe kommt.

Friede sei über dir
von einem Ende des Horizonts
bis zum anderen,
damit du behütet bleibst
vom Aufgang der Sonne
bis tief in die Nacht.

Friede sei mit dir,
wo immer du auch unterwegs bist,
damit du heiter und unbesorgt
dein Tagewerk vollbringen
und des Nachts angstfrei
schlafen kannst.

Friede sei in dir
bei allem, was du denkst,
sagst oder tust,
damit durch dich
ein Stück vom Himmel
auf dieser Erde spürbar wird.

Loben und preisen will ich dich,
mein Gott,
dass du in mir Wohnung genommen
und mir mit dem Feuer
des Heiligen Geistes
Leib und Seele entzündet hast.
Seitdem ich erfahren habe,
dass du auf der Seite der Schwachen,
der Ohnmächtigen
und der Entrechteten stehst,
fühle ich mich ermutigt und gestärkt,
mich einzusetzen
für eine gerechtere Welt,
in der es keine Reichen und keine Armen,
keine Übersättigten
und keine Hungernden,
keine Herrschenden
und keine Unterdrückten mehr gibt,
damit jeder Mensch auf dieser Erde
in Würde und Freiheit,
in Gerechtigkeit und Frieden
leben kann,
wie es für alle Zeiten dein Wille ist.

(Nach dem Magnificat, Lukas 1, 46–55)

Weihnachtstraum

Träume dich hinein
in die Nacht,
in der die Sterne
die Dunkelheit erleuchten
und ein stilles Glänzen
den Himmel deiner Seele durchwebt.

Träume dich hinein
in das Wunder neuen Lebens,
das, durch dich gezeugt
und in dir empfangen,
in den anbrechenden Tag hinein
geboren werden will.

Träume dich hinein
in neue Hoffnungsblumen,
schmerzfrei,
liebevoll,
und du wirst Mut pflanzen
in die Gärten der Trostlosen,
so dass die Tränen der Nacht
vom Lächeln der Morgenfreude
getrocknet werden.

Christa Spilling-Nöker, Dr. phil., geboren 1950 in Hamburg, ist Pfarrerin der badischen Landeskirche und zur Zeit als Religionslehrerin in Karlsruhe tätig. Sie hat eine tiefenpsychologische Zusatzausbildung. Zahlreiche Veröffentlichungen.
Zuletzt erschienen im Verlag am Eschbach:
Nimm jede Stunde als Geschenk. Ermutigungen und Segensworte (Geschenkheft 510).
Zarte Frühlingsfarben wünsch ich dir (Geschenkheft 171).
Kostbare Stunden. Der Weite Raum geben (Geschenkheft 561).
Lass das Leben gut zu dir sein. Gesegnet durch das Jahr (Geschenkheft 729).
Die Rechte für die Texte auf S. 6/7, 8, 10/11, 12-15, 17, 19, 20 und der 4. Umschlagseite liegen bei der Autorin.
Die Rechte für die Texte auf S. 2, 5, 18 und 22 liegen beim Verlag am Eschbach.

Mit Fotografien von **Andreas Beck,** Beuron (S. 20/21); **Reinhard Kemmether,** Nürnberg (S. 6/7); **Sibille Victoria Müller,** Raubach (1. Umschlagseite, S. 4/5, 9, 10/11, 12, 14 und 22); **Jörn Sackermann,** Köln (S. 16/17 und 18/19).

Bibliographische Information der Deutschen Bibliothek:
Die Deutsche Nationalbibliothek verzeichnet diese Publikation in der Deutschen Nationalbibliographie; detaillierte Daten sind im Internet über http://dnb.d-nb.de abrufbar.

ISBN 978-3-88671-735-4
© 2007 Verlag am Eschbach der Schwabenverlag AG
Im Alten Rathaus/Hauptstr. 37
D-79427 Eschbach/Markgräflerland
Alle Rechte vorbehalten.

www.verlag-am-eschbach.de

Gestaltung: Ulli Wunsch, Wehr.
Satz und Repro: Schwabenverlag Media der Schwabenverlag AG, Ostfildern-Ruit.
Herstellung: Süddeutsche Verlagsgesellschaft Ulm.

ESCHBACHER MINIS

Wegbegleitung und Ermutigung für jeden Tag
978-3-88671-**520**-6

Eine Ermutigung an guten und an schweren Tagen
978-3-88671-**522**-0

Engelbilder und beflügelnde Worte für jeden Tag
978-3-88671-**523**-7

Tag für Tag in die Kraft des Segens eintreten
978-3-88671-**524**-4

Ermutigende Worte für das ganze Leben

978-3-88671-**553**-4

Eine Geschichte vom Werden und Verwandeln

978-3-88671-**554**-1

Segensworte und Wünsche für viele Gelegenheiten

978-3-88671-**725**-5

Eine Geschichte über Entfaltung und Verwandlung

978-3-88671-**726**-2

Weihnachtliche Gedanken und Ermutigungen
978-3-88671-**732**-3

Eine Geschichte vom Loslassen und Weiterleben
978-3-88671-**733**-0

Gedanken zur Nacht und zum Ruhigwerden
978-3-88671-**734**-7

Nachdenkliche Texte für die Weihnachtszeit
978-3-88671-**735**-4

ALLE MINIS HABEN 24 SEITEN UND SIND VIERFARBIG